N. Houver

2021

LE PETIT MANAGEMENT

L'ESSENTIEL EN BREF

DUNOD

11 rue Paul Bert, 92240 Malakoff
www.dunod.com
ISBN 978-2-10-081977-5

Les qualités intrinsèques du manager

Les compétences fondamentales du manager

Les compétences spécifiques du manager-coach

Les talents du manager-leader

Un état d'esprit et une évolution personnelle pour faire la différence.

Le savoir-être est l'ensemble des dispositions de base, les qualités et défauts d'un individu. C'est ce qui construit sa personnalité et détermine son comportement: ses attitudes, ses croyances, sa capacité d'ouverture ou, au contraire, de fermeture.

En travaillant en amont au niveau du savoir-être, les résultats sont exponentiels sur l'ensemble des savoir-faire et des réalisations.

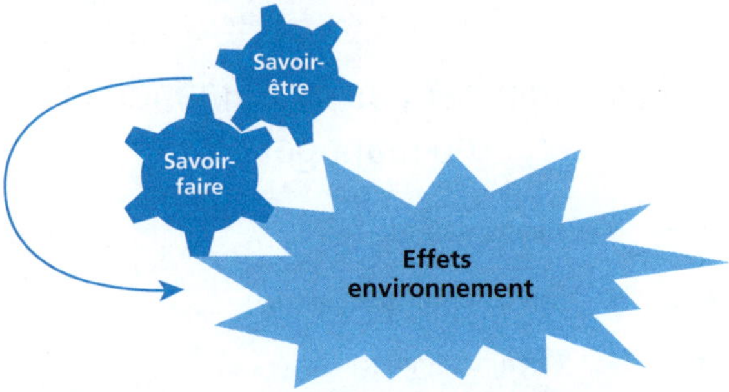

▶ Un savoir-être associé à un savoir-faire

« La grandeur d'un métier est peut-être avant tout, d'unir les hommes. »
Antoine de Saint-Exupéry

Manager consiste à prendre en main, à accompagner et à mener ses équipes. L'art du management réside beaucoup dans l'exercice de compétences dites « douces » ou *soft skills*: ce sont les compétences relationnelles et sociales, liées au savoir-être. Les entreprises commencent à les reconnaître comme essentielles.

La conscience de soi: bien se connaître, surtout connaître ses limites, grâce essentiellement à l'expérience et aux échecs passés et au travail de développement personnel.

La maîtrise de soi: contrôler ses émotions, savoir gérer son stress, les conflits, les personnalités difficiles.

Être source de motivation: avoir la capacité d'obtenir l'adhésion des collaborateurs sur la durée.

Être assertif: faire preuve de capacité d'écoute, d'empathie et de communication avec confiance et respect.

L'aptitude aux relations sociales: le manager a un rôle de représentation, d'agent de liaison. Véritable porte-parole, il est constamment à l'affût d'informations, il sait transmettre et diffuser l'information utile à ses équipes.

Être rigoureux: démontrer une aptitude au sens de l'organisation et de la planification.

L'esprit d'ouverture: avoir l'esprit de pionnier, éveiller les talents et autoriser les projets présentés par les gens en qui le manager a confiance.

Le sens de l'équité : récompenser les méritants, protéger les faibles des forts, adapter la « sévérité » des arbitrages à la capacité de chacun, donner le droit à l'erreur.

Être inspirant : être crédible, séduire ses équipes, avoir du *leadership* et du charisme.

Aptitude à la cohésion : savoir associer les bonnes forces entre elles, au bon endroit, au bon moment. Le manager sait renvoyer un *feedback* constructif sans critique dévalorisante.

Le sens de l'intuition : avoir un certain « sixième sens », flairer, avoir « du nez », prendre des risques…

L'exemplarité absolue : être soi-même un modèle pour son équipe, respecter les règles.

Savoir lâcher prise et faire confiance : savoir déléguer car manager, c'est faire faire à d'autres tout en restant responsable du résultat de leur travail.

▶ Mieux se connaître pour mieux manager

« *Connais-toi toi-même* » affirmait déjà Socrate.

Les ressources dont dispose le manager pour accomplir sa mission résident d'abord en sa personne.

Pour être apprécié de ses collaborateurs, il faut que le manager s'apprécie lui-même, avec ses qualités et ses défauts, ses succès et ses échecs, et qu'il acquière une bonne estime de soi.

La connaissance et la conscience de soi sont facilitées avec l'analyse d'un inventaire de personnalité. De nombreux outils de management ont pour seuls objectifs de décrypter des traits dominants de caractère et de connaître les domaines et circonstances dans lesquels une personne est le plus à l'aise.

Parmi les plus connus :

Le HDBI 1970 (Hermann Brain Dominance Instrument)
Analyse des points forts et faibles selon ses préférences cérébrales : rationalité, analyse et calcul (prédisposition à utiliser la partie gauche du cerveau) ; imagination, créativité, affect (prédisposition à utiliser la partie droite du cerveau).
La ProcessCom® 1970 Taibi Kahler
Décodage de ses principaux traits de caractère selon 6 facettes de la personnalité : l'empathique, sensible et compatissant ; le travaillomane, logique et organisé ; le persévérant, consciencieux et engagé ; le rebelle, spontané et créatif ; le promoteur, séducteur et actif ; le rêveur, imaginatif et solitaire. Cet outil permet d'apprendre à mieux communiquer, d'analyser les comportements, de comprendre les scénarios d'échecs et d'optimiser son style de management.
Le MBTI (Myers Briggs Type Indicator)
16 typologies sont définies en examinant deux préférences possibles : comment une personne emploie son énergie (extravertie ou introvertie), sa manière de recueillir l'information (sensorielle ou intuitive), son mode privilégié de prise de décision (pensée ou sentiment) et sa façon d'être reliée au monde (jugement ou perception). Cet outil est pertinent pour mettre en avant ses dons inexploités. Il est souvent utilisé dans les bilans de compétences.

Le 360 degrés

Venue des États-Unis, cette évaluation effectuée par un consultant extérieur se pratique dans la plupart des entreprises en France. Le principe est de fournir au manager la vision la plus complète possible de la façon dont les autres le perçoivent. Cette photographie permet une belle prise de conscience qui lui permettra de déterminer ses axes de progrès et de renforcer ses compétences.

Quel que soit l'outil d'analyse de la personnalité choisi, la compréhension de sa propre dynamique interne facilite sa relation avec les autres et permet de mettre en œuvre des stratégies managériales d'accompagnement appropriées.

Exceller là où le naturel se porte

Quoi qu'il en soit, tout manager a le pouvoir d'apporter une contribution unique au succès de son entreprise. Un manager qui gagne en compétences dans sa voie naturelle, là où ses motivations, sa personnalité et ses valeurs le portent, s'épanouira chaque jour un peu plus et exprimera toujours plus d'enthousiasme.

Ceux qui ont déjà quelques prédispositions au management vont généralement tirer parti d'une formation suivie.

Chacun a en soi un potentiel inutilisé : il s'agit d'en prendre conscience et de le mettre en action pour être plus entreprenant, plus imaginatif, plus charismatique.

Adopter un comportement assertif

Le mot assertivité vient de l'anglais *assertiveness*, qui peut se traduire en français par l'affirmation de soi, la confiance en soi, l'assurance personnelle et la « force tranquille ». C'est une des clés de l'estime de soi, dans le rapport aux autres.

IMPORTANT

L'assertivité est la capacité communicationnelle consistant à affirmer ce que nous pensons, ce que nous sommes, tout en respectant la personne avec laquelle nous communiquons.

Il s'agit d'exprimer ses sentiments et de continuer à entretenir des relations satisfaisantes avec son entourage, sans crainte de susciter l'hostilité notamment dans le management.

Pour être assertif, il faut développer l'empathie, conserver son sang-froid en cas de conflit, offrir son soutien, résister à la manipulation, savoir gérer son environnement.

Dans l'assertivité, on ose dire et on sait rester attentif pour écouter et gérer le retour que l'autre nous adresse.

MINI-TEST AVEZ-VOUS UNE ATTITUDE ASSERTIVE ?

Répondez spontanément en mettant une croix correspondant à votre réponse : soit plutôt vrai, soit plutôt faux.

Attitude assertive	V	F
1. Je défends mes droits sans empiéter sur ceux des autres.		
2. Le plus souvent, je sais dire non sans aggressivité.		
3. J'entretiens avec les autres des rapports fondés sur la confiance et le respect plutôt que sur la manipulation.		
4. Je suis à l'aise dans les contacts face à face.		
5. En cas de désaccord, je cherche les compromis réalistes sur la base des intérêts mutuels.		
6. Je préfère être franc pour mettre en confiance.		
7. Je suis capable d'être moi-même tout en continuant d'être accepté socialement.		
8. Quand je ne suis pas d'accord, j'ose le dire sans m'emporter et je me fais entendre.		
9. Je n'ai pas peur de parler en public.		
10. Je n'ai pas peur d'exprimer mes sentiments tels que je les ressens.		
11. Je sais écouter et je ne coupe pas la parole.		
Total		

Un total élevé en «plutôt vrai» indique un bon niveau d'assertivité.

AUTOCOACHING CHANGER UN COMPORTEMENT DÉPLAISANT

1. Pensez à une situation professionnelle de stress important récemment vécue.
2. Quelle est votre attitude non assertive dominante ? Cochez la réponse :
- ☐ *La fuite : passivité, soumission, victimisation, évitement.*
- ☐ *L'attaque : agressivité verbale, non verbale, ironie, défensive.*
- ☐ *La manipulation : mensonge, chantage, intimidation.*

3. Quelle est votre intention dans cette situation quand vous adoptez ce comportement ?
4. Placez-vous maintenant en tant qu'observateur de la situation.
5. Que voulez-vous ? Que croyez-vous ?
6. De quoi auriez-vous besoin pour satisfaire votre intention ? Que pourriez-vous croire de plus utile ?
7. Qui devez-vous être pour régler définitivement votre problème ?
8. Décidez de mettre un nouveau comportement en place.

« C'est votre attitude, plus que votre aptitude, qui détermine votre altitude. »
Zig Ziglar

L'écoute et la reformulation, clés d'une communication efficace !

▶ Être en écoute active

Initialement développée par le psychologue Carl Rogers, l'écoute active est une écoute bienveillante en situation de face à face qui permet de bâtir une relation de confiance.

Écouter de façon active, c'est commencer par **se taire** et accueillir l'autre tel qu'il est, apprendre à le découvrir avec ses qualités spécifiques, démontrer de l'intérêt, accepter ses émotions sans se substituer à lui pour dire ce qu'il doit être.

Écouter, c'est être ouvert positivement à toutes les idées, à tous les sujets, à toutes les expériences, à toutes les solutions, sans interpréter, sans juger.

L'écoute active permet de comprendre les différentes motivations et divers freins de son collaborateur.

▶ Que faut-il écouter ?

Ce qui est dit : le langage verbal

Les mots n'ayant pas le même sens pour chacun, il est utile de poser des questions pour valider les propos et éviter les risques d'interprétation.

Le manager restera vigilant quant aux conclusions sans preuves, aux détails hors contexte, à la généralisation à partir d'un seul incident : « *c'est toujours **pareil**, je n'y **arriverai** jamais !* ».

Ce qui n'est pas dit : le langage non verbal

Le non-verbal représente 90 % du message envoyé. Le manager sera attentif à ce qui manque dans le discours, à la gestuelle, aux expressions humaines qui se soustraient du mot. Il y a toujours une communication qui se passe à un autre niveau.

Le silence est également une réponse : gêne, malentendu, réflexion…

L'écoute sans objectif ne sert pas à grand-chose.

Le manager se posera avant tout la question :

« *Quel est l'objectif de cet entretien ?* »

IMPORTANT

Un entretien basé sur l'écoute active est un processus en trois phases : questionner, reformuler et cadrer.

▶ Questionner : amener à prendre conscience

« *Pour connaître les réponses, il faut vivre les questions.* »
Rainer-Maria Rilke

Questionner permet de s'informer, de comprendre, d'apprendre. Cela permet à son collaborateur de générer des représentations, de se mettre en recherche et d'amener à prendre conscience.

Les questions fermées invitent le collaborateur à répondre par **oui** ou par **non**, à valider ses propos ; elles permettent d'accéder en douceur aux informations qu'il a en lui.

« Êtes-vous d'accord sur ce point ? »

Les questions ouvertes ouvrent la porte au dialogue, lancent un débat, invitent à la réflexion.

« Qu'en pensez-vous ? Avez-vous d'autres suggestions ? »

Les questions à choix multiples invitent à plusieurs possibilités de réponses. Il faut prévoir un risque de réponse non prévue.

« Quelle solution retenez-vous ? La première ou la deuxième ? »

« Quel moyen de contact privilégiez-vous ? Le face-à-face ? Le mail ? Le téléphone ? Autres ? »

▶ Reformuler : écouter activement

La reformulation reprend ce que l'interlocuteur exprime. Il se sent ainsi entendu, reconnu, validé et accompagné. Cela lui permet **d'entendre ce qu'il a dit** et, ainsi, de corriger ce qui n'a pas été bien compris.

Cela permet aussi d'obtenir un accord réciproque.

La reformulation permet de poursuivre le dialogue en étant sur la même longueur d'onde et d'éviter les incompréhensions.

Une reformulation se fait toujours sur le mode interrogatif.

EXEMPLES

1. S'assurer que l'on a bien compris.

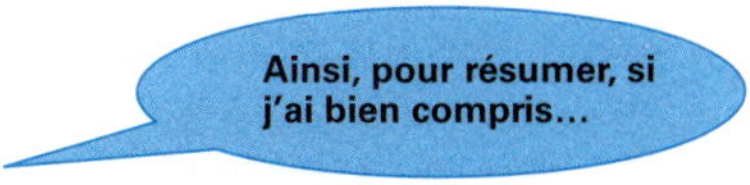

2. Rebondir sur un terme ou des mots clés.

▶ Cadrer : rester concentré sur l'objectif initial

Au cours d'un entretien, il se peut qu'un collaborateur diverge vers des sujets qui lui évitent d'explorer à fond un thème donné. Il faut donc **le ramener impérativement au sujet initial**.

Le manager ne doit pas se laisser ballotter au gré de ces demandes successives, mais aller au bout de l'entretien initial qu'il s'est fixé.

Dans l'écoute et la reformulation, l'interlocuteur se situe dans la position haute (celui qui sait) et le manager, dans celle de celui qui cherche à comprendre.

Pour recadrer, c'est l'inverse, le manager doit reprendre la position haute.

MINI-TEST ÊTES-VOUS À L'ÉCOUTE ?

Répondez spontanément en mettant une croix correspondant à votre réponse : soit plutôt vrai, soit plutôt faux.

L'écoute active	V	F
1. En réunion, je laisse les autres finir d'exposer leur point de vue avant de commencer à formuler le mien.		
2. Je suis capable de donner les grandes lignes d'une conférence, 1 heure après l'avoir suivie.		
3. J'émets des signes d'écoute lorsque mon interlocuteur s'adresse à moi (sourire, hochement de tête, etc.).		
4. Je prends des notes lorsque quelqu'un me transmet des informations importantes.		
5. Je suis attentif lorsque les autres me parlent.		
6. Je suis ouvert au point de vue qu'émet mon collaborateur.		
7. J'aime observer les autres.		
8. Lorsque le téléphone sonne au cours d'un entretien, je m'excuse et essaye de faire court.		
9. Pour éviter tout malentendu, je reformule les propos de mon collaborateur pour être sûr d'avoir bien compris.		
10. Les consignes données aux collaborateurs sont bien comprises et intégrées.		
11. Je suis à l'écoute de l'environnement.		
12. Je suis à mon écoute, je suis mes intuitions.		
13. Je suis à l'écoute des clients.		
Total		

Un total élevé en « plutôt vrai » indique une bonne aptitude à l'écoute active.

AUTOCOACHING RENFORCER VOTRE ÉCOUTE

1. *Dans votre situation actuelle, que souhaitez-vous améliorer pour renforcer votre qualité d'écoute ?*
2. *Quel est le problème, selon vous ?*
3. *Quelles sont les sources du problème ?*
4. *Proposez 3 solutions pour résoudre définitivement ce problème.*
5. *Choisissez la solution la plus facile à mettre en place, pour vous, et rapidement ?*
6. *Quand allez-vous commencer ? Avec qui ? Dans quel contexte ? Proposez un plan d'action et engagez-vous à le respecter.*

Les émotions influent sur toutes décisions : on parle désormais d'intelligence émotionnelle.

L'intelligence émotionnelle est un outil managérial popularisé en 1995 par Daniel Goleman, docteur en psychologie. Depuis, les chercheurs américains John Mayer, Peter Saloway et David R. Caruso ont élaboré, dès 1997, des mesures et des tests de l'IE, comme il en existe pour l'intelligence rationnelle avec le QI.

Être émotionnellement intelligent, c'est savoir identifier ses émotions et celles d'autrui et les réguler. Cette aptitude a un impact majeur sur la santé, la réussite professionnelle et les relations sociales. Elle permet de s'adapter aux situations plus facilement et d'y apporter une réponse satisfaisante.

▶ Cinq compétences clés pour apprendre à gérer ses émotions

Une palette d'émotions primaires active une aire spécifique du cerveau, identifiée et démontrée aujourd'hui par les neuroscientifiques : la joie, la peur, la surprise, la tristesse, le dégoût, la colère (source : *Science et Avenir*, décembre 2010, d'après *Cerveau & Psycho*, Raphael Queruel).

Une part des émotions échappe à tout contrôle rationnel. C'est pourquoi il est si difficile de les maîtriser dans des moments d'émotions intenses : colère, rage, jalousie, peur, etc.

Admettre sa colère, comprendre pourquoi, savoir analyser et gérer ses émotions permet d'être plus performant au quotidien.

▶ Identifier ses ressentis

Colère, frustration, dépit, honte, dégoût, peur...

Être attentif à ses modifications neurophysiologiques

La colère augmente le rythme cardiaque et la respiration contrairement à la honte et la culpabilité.

La peur augmente la sudation, la honte un rougissement.

Évaluer l'intensité de ses émotions

Un agacement peut se muer en colère puis en rage, une peur en panique. Plus l'émotion est intense, plus il est difficile de la réguler et de la maîtriser.

Pour identifier une émotion chez autrui, il faut déchiffrer l'expression du visage, les gestes, la posture et la tonalité de sa voix.

Question : « *Qu'est-ce que je ressens ?* »

▶ Repérer les facteurs déclencheurs

Il faut chercher à comprendre l'origine de cette émotion.

Les déclencheurs externes : danger physique, échec, remarques blessantes, perte d'un proche...

Les déclencheurs internes : pensées, croyances, (renvoi à des situations d'enfance, du passé), état physiologique (hormones, fatigues, médicaments).

La reconnaissance des facteurs déclencheurs permet, en prévention, d'éviter l'apparition d'une émotion paralysante.

Questions : « *Quelle est la situation ? Qu'est-ce qui se passe ? Qu'est-ce que je crois à cet instant ?* »

▶ Exprimer pour clarifier les choses

Une fois ses émotions identifiées et comprises, mieux vaut les exprimer oralement que par écrit. Cela peut clarifier une situation ambiguë.

Exemple : « *J'ai éprouvé de la peur, liée à un sentiment d'insécurité.* »

Questions : « *Quels sont les différents sentiments qui composent cette émotion ? Quelle importance est-ce que je donne à ces différents sentiments en pourcentage ?* »

▶ Accueillir ses émotions comme une force

Une émotion *ex-movere* (« faire mouvement à partir de ») est un message qu'il faut entendre.

Les émotions représentent un langage subtil de **l'inconscient : il convient d'y réfléchir et de songer à opérer différemment.**

Question : « *Si chaque émotion ressentie était un message de changement, quel serait ce message ?* »

▶ Réguler son humeur par l'action

Trouver une alternative

Réguler ses émotions apparaît bénéfique si ces dernières ne sont pas adaptées à la situation :

- Si le stress d'un manager est lié à une peur, il peut se confier à un ami.
- Si un manager ressent de l'énervement avant une réunion, il peut prendre de grandes inspirations pour baisser son rythme respiratoire et cardiaque.
- Si un manager a envie de frapper sur la table pour exprimer sa colère, il peut **imaginer** le faire, ce qui peut le calmer.

Question : « *Quelles sont les actions à poser en réponse à chaque sentiment et par quoi faut-il commencer ?* »

Activer son discours intérieur

Activer son discours intérieur permet de réguler son émotion : « *Si je suis énervé à la réunion, je risque de rater quelque chose d'important.* »

Attention toutefois à ne pas neutraliser en permanence son expression émotionnelle : selon les spécialistes, cela risque d'entraîner une baisse de bien-être au travail.

IMPORTANT

Il faut éviter de prendre une décision majeure sous l'emprise d'une émotion forte, négative ou positive. La raison est inhibée, il convient de prendre le temps nécessaire du recul.

MINI-TEST SAVEZ-VOUS CONTRÔLER VOS ÉMOTIONS?

Répondez spontanément en mettant une croix correspondant à votre réponse : soit plutôt vrai, soit plutôt faux.

Réguler ses émotions	V	F
1. Je suis capable de contrôler mes émotions lorsque les problèmes surgissent.		
2. Je porte attention à mes pensées et à leur impact sur moi.		
3. Si quelqu'un me met hors de moi, je suis capable d'attendre le moment approprié pour en discuter calmement.		
4. Je suis toujours attentif lorsque les autres me parlent.		
5. En cours de négociation ou dans une autre situation difficile, je sais contrôler mes émotions.		
6. Je ressens des émotions positives pour m'encourager à me concentrer sur une tâche.		
7. Je sais quels sont les éléments déclencheurs de mes émotions et je les évite ou les anticipe.		
Total		

Un total de « plutôt vrai » élevé indique votre capacité à contrôler vos émotions et à rester calme sous la pression exercée par l'environnement.

AUTOCOACHING TRAVAILLER SUR UNE ÉMOTION

1. Repensez à une situation professionnelle où vous vous êtes senti submergé par une émotion et des sensations désagréables : rougeur qui monte au visage, picotement, étouffement, nausée, battement de cœur.
2. Quelle émotion avez-vous ressentie : peur ? colère ? dégoût ? tristesse ?
3. Quels ont été les facteurs déclencheurs ?
4. Que croyez-vous, en cet instant précis ?
5. Quelles ont été les valeurs non satisfaites ?
6. Quel a été le besoin non satisfait ?
7. À quelle autre situation du passé (personnelle ou professionnelle) cela vous renvoie-t-il ?
8. Quelle décision avez-vous prise à ce moment-là ?
9. Quelle était l'intention positive des personnes impliquées dans cette situation (car il y a toujours une intention positive) ?
10. Revenez dans la situation actuelle : si cette émotion était un cadeau et devait vous inviter à un changement, quel serait-il ?
11. Quelle solution mettriez-vous en place pour qu'elle n'apparaisse plus ?

Se définir en tant que manager plutôt que se défendre.

Les règles du jeu prédéfinies à l'avance, d'un commun accord, consolident la confiance, la sécurité et l'intégrité psychologique de chacun des membres d'un groupe.

Elles assurent la cohérence au sein même de la sphère du management. Le collaborateur sait à quoi il doit se référer directement.

▶ Première responsabilité du manager : communiquer les règles du jeu

Pour que ses collaborateurs puissent prendre des initiatives et gagner en autonomie, le manager doit avoir au préalable clarifié un certain nombre de règles du jeu. Si les collaborateurs ne savent pas précisément ce qui leur est permis de faire, l'équipe a de fortes chances d'être désorganisée et peu efficiente.

Il est donc nécessaire de définir ces règles du jeu et de les exprimer de façon claire :

- à quoi le manager dit oui et à quoi il dit non ;
- quels sont les comportements qu'il juge acceptables, inacceptables ou hors jeu.

Pas question de se contenter d'un accord tacite, car les interprétations personnelles ont le pouvoir de générer de nombreux malentendus.

Il en va de même pour l'expression des objectifs individuels et collectifs : les formuler clairement, de façon à ce que les collaborateurs disposent de toutes les informations. Le temps que le manager consacrera à cette tâche dès le début lui épargnera des recadrages par la suite.

Les avantages des règles du jeu

Les règles du jeu forment un cadre protecteur pour baser les échanges de façon constructive.

Le respect des règles permet de réconcilier morale et efficacité, grâce au comportement d'intégrité que l'on est en droit d'attendre de ses collaborateurs.

Les règles du jeu se fondent sur les valeurs de l'entreprise. Par exemple : intégrité, loyauté, respect, solidarité...

De plus en plus d'entreprises travaillent sur des chartes éthiques pour rappeler des règles basiques à leurs salariés.

Les règles claires de fonctionnement d'une organisation permettent :

- de clarifier les objectifs du service et de les situer dans la perspective de l'entreprise ;
- d'apporter sécurité et de développer une meilleure cohésion d'équipe ;
- de susciter l'implication de chacun et favoriser l'autonomie ;
- de permettre de fonctionner en efficacité optimale ;
- de servir de références en cas de désaccord.

Définir clairement les lettres de mission

Il est important que chaque collaborateur comprenne clairement ce qui est attendu de lui : quelles sont ses missions, ses tâches spécifiques, ses responsabilités ; quels sont ses objectifs, ses moyens pour les réaliser ; quels sont les indicateurs de suivi et de contrôle mis en place ?

Les lettres de mission (contrats) seront revues périodiquement en fonction de l'évolution du collaborateur dans l'entreprise, et du marché afin de maintenir sa motivation et son implication.

Elles serviront de base pour les entretiens de suivi individuel.

Mener un entretien de recadrage

Lorsqu'un collaborateur dérape sur une valeur comportementale, de qualité, ou de mode de fonctionnement, le manager a pour responsabilité d'être le garant et le gardien de son entreprise.

La posture de manager enjoint à agir, en informant, en recadrant ou en accompagnant le collaborateur. Un exercice délicat qui va souvent à l'encontre du réflexe naturel qui est d'éviter le conflit.

Le manager doit prendre son courage à deux mains et mener un entretien de recadrage au risque de laisser la situation se dégrader. Le collaborateur a peu de chances de se corriger tout seul.

Le risque de jeux psychologiques

Le manager évitera d'être trop gentil : plaindre son collaborateur, lui chercher des excuses en dénonçant le contexte et prendre le problème sur lui. Il se met ainsi en situation de « sauveteur » et son collaborateur devient la « victime ». Il n'est donc pas incité à changer de comportement. Par la suite, comme rien ne change, c'est le manager qui prend la place de la victime. Et quand il n'arrive plus à assumer, il se transforme souvent en « persécuteur ». On entre ainsi dans un jeu psychologique.

Le manager emploiera un ton ferme mais calme et posé. Il doit montrer que le problème, c'est l'erreur en elle-même et non la personne, ce qui permettra de mener sereinement l'entretien.

Les règles de base

1. La convocation : elle s'effectue dans les 48 h après avoir repéré l'écart de comportement ou de performance. Le manager informe le collaborateur de la raison de sa convocation. Il évitera le vendredi pour ne pas lui gâcher son week-end.

2. Les faits reprochés : le manager n'est pas là pour juger les faits mais pour montrer l'écart qui existe entre l'attitude du collaborateur et les règles de l'entreprise.

3. Les mots pour le dire : le manager évitera les sous-entendus, les tournures impersonnelles, les généralisations, les « bons » ou « mauvais » car ils peuvent mener à des interprétations divergentes. Si le manager utilise des mots inappropriés sous le coup de l'émotion, il présentera ses excuses.

4. La formulation des conséquences: quelles sont les conséquences de ce dérapage pour le collaborateur et pour l'entreprise à court, moyen et long termes ? C'est au collaborateur de formuler ces conséquences : il prend ainsi conscience de ses écarts.

5. La recherche de solutions: l'objectif est de permettre au collaborateur de progresser et de capitaliser sur son dysfonctionnement. Cet échange doit aboutir à trouver des solutions. Le manager fera en sorte que le collaborateur propose de lui-même des solutions pour le responsabiliser.

6. Le plan d'action: à la fin de l'entretien, le manager propose un plan d'actions précis et fixé sur un calendrier avec l'engagement de son collaborateur.

IMPORTANT

Inutile de répéter des entretiens de recadrage à répétition: il est important de respecter le processus qui peut mener jusqu'au licenciement en cas d'abus répétés. Si, au contraire, la situation s'est rétablie, le manager ne manquera pas de féliciter le collaborateur.

MINI-TEST SAVEZ-VOUS CADRER VOTRE ÉQUIPE ?

Répondez spontanément en mettant une croix correspondant à votre réponse : soit plutôt vrai, soit plutôt faux.

Le cadrage	V	F
1. Je sais fixer les règles de bon fonctionnement de l'équipe.		
2. Je connais les spécificités des différents métiers de l'entreprise impliqués dans mon projet.		
3. Je sais m'engager sur des objectifs et m'y tenir.		
4. J'évite de porter des jugements de valeur sur les avis et les interventions de mes collaborateurs.		
5. Je sais faire remonter des informations en fonction des besoins de mes collaborateurs.		
6. Je sais accepter facilement une autre solution que la mienne si elle s'avère plus efficace.		
7. Je sais dire non à une demande trop exigeante.		
8. Je garde mon calme lors de fortes pressions ou dans les situations ambiguës.		
9. Je règle rapidement une situation par des entretiens de recadrage si nécessaire.		
10. Je cherche à responsabiliser mes collaborateurs plutôt qu'à les blâmer.		
11. Je sais faire la part des choses entre l'amitié et mon rôle de manager.		
Total		

Un total élevé en « plutôt vrai » indique votre aptitude à cadrer votre équipe.

Une compétence essentielle pour bien manager.

Le contrôle est une compétence de management. Il fait pourtant les frais de sa mauvaise réputation au sein des entreprises et reste un sujet sensible : il est en effet associé à un manque de confiance, une attitude inquisitrice, à un examen pointilleux, à une mise en cause personnelle, à « épier », « espionner », « punir », « reprocher ».

Cette activité est pourtant essentielle et construit la crédibilité du manager. Contrôler ne se limite pas à la constatation d'un échec ou d'un succès ; quand il est bien fait, il est source de motivation pour ses collaborateurs.

▶ Les avantages du contrôle

Contrôler, c'est assurer un suivi : vérifier et rectifier c'est surtout apporter **aide et conseil dans la mise en œuvre des actions correctives.**

Contrôler, c'est reconnaître le travail et la personne : s'intéresser à son travail, sa façon de le réaliser, ses difficultés, ses idées d'amélioration.

Contrôler, c'est mieux connaître ses collaborateurs, adapter son management et construire une véritable relation de confiance.

Contrôler, c'est permettre aux collaborateurs d'être au clair sur les attentes de l'entreprise, d'avoir un retour sur leurs actions et de construire des points de repère.

▶ Les erreurs à éviter

- Éviter un contrôle trop pointilleux pour un collaborateur en qui on a confiance et qui est compétent.
- Réaliser un contrôle trop superficiel pour un collaborateur qui n'a pas un niveau de compétence suffisamment élevé.
- Réaliser un contrôle sans avoir prévenu le collaborateur.

▶ Les entretiens de suivi et de contrôle

Le débriefing *feedback* permet de contrôler systématiquement l'exécution d'un plan d'action, le retour d'expérience en individuel ou en équipe et de capitaliser le savoir-faire.

L'entretien d'évaluation : en face-à-face individuel, sur une fréquence mensuelle en moyenne, cet entretien a pour objet de faire part des observations, de dresser les points positifs acquis et axes d'améliorations possibles du collaborateur.

L'entretien annuel d'évolution : cet entretien individuel permet de faire le bilan de l'année écoulée, revisite les accords de la lettre de mission pour l'année à venir, le contrat d'objectifs et le plan de perfectionnement envisagé avec le collaborateur.

▶ Les indicateurs de mesure/performance

Chaque entreprise aura des indicateurs qui lui sont propres en fonction de ses priorités mais également de ses clients, de ses objectifs, de ses stratégies et des diverses caractéristiques de son environnement.

L'indicateur de performance n'est pas toujours un résultat chiffré, mais peut prendre la forme d'un jugement qualitatif, d'un signe binaire (oui/non) ou d'un graphique.

Les caractéristiques d'un bon indicateur

Pertinent et fiable: l'indicateur doit être en rapport avec les priorités de l'entreprise mais aussi celles des clients. Il doit reposer sur des éléments concrets.

Exemple: la mesure du taux de satisfaction client peut passer par le contrôle de la qualité d'accueil. L'entreprise met en place un outil de mesure approprié: sondage, baromètre de satisfaction, visite mystère.

Simple et opérationnel: l'indicateur doit être simple à mettre en place, facile à comprendre et à interpréter.

Exemple: le suivi de l'évolution du CA nécessite de mettre en place un historique des ventes. À partir de là, il sera facile de calculer un taux de croissance susceptible d'être compris par les collaborateurs.

Quelques exemples d'indicateurs

Les indicateurs financiers: plus utiles aux actionnaires qu'au manageur commercial, ils permettent le pilotage stratégique de l'entreprise.

Exemples: analyse de l'exploitation, valeur ajoutée, excédent brut d'exploitation, résultat d'exploitation, résultat exceptionnel, résultat de l'exercice, capacité d'autofinancement, ratios de rentabilité (taux de rentabilité financière, taux de rentabilité économique).

Les indicateurs sociaux: ils sont essentiels au management. Le calcul de certains d'eux est une obligation légale; les tableaux de bord mensuels permettent des réactions rapides.

Exemples: effectif, rémunération heures supplémentaires, salaire moyen, absentéisme, *turnover*, formation (nombre de stages, frais de formation), sécurité (taux de gravité d'accident de travail), etc.

Les indicateurs commerciaux: ils sont centrés sur la performance commerciale, la gestion de l'organisation, d'un espace de vente et le suivi de la rentabilité.

Exemples: taux croissance du chiffre d'affaires, taux de marge, taux de marque, taux d'attrition (perte de client), taux d'appétence (prospects chauds), durée moyenne de visites client, taux de réussite, taux de remise accordé, % des ventes réalisées clientèle actuelle, % des ventes réalisées nouveaux clients, degré de satisfaction des clients, ratios de contrôle d'un site internet, ratio de contrôle en accueil téléphonique, etc.

MINI-TEST **OÙ EN ÊTES-VOUS DANS LA MAÎTRISE DE VOTRE MANAGEMENT ?**

Notez de 1 à 10, 10 étant la meilleure note de votre niveau de contrôle sur les points suivants.

1. Des entretiens sont réalisés régulièrement	.../10
2. Ce qui est important est mesuré	.../10
3. La non-qualité produite est évaluée et suivie	.../10
4. La satisfaction des clients est évaluée	.../10
5. Le pilotage de l'entreprise est réalisé	.../10

« Le meilleur manager est celui qui sait trouver les talents pour faire les choses, et qui sait aussi refréner son envie de s'en mêler pendant qu'ils les font. »

Franklin D. Roosevelt

Pour un manager, la confiance qu'il va accorder aux membres de son équipe se concrétise par sa capacité à déléguer. À la clé, un double avantage : favoriser les initiatives et le sens des responsabilités.

▶ L'efficacité managériale e = mcf

Digne de la formule d'Einstein, l'efficacité du collaborateur (e) serait le produit de la **motivation** (m) par la **compétence** (c) et la **formation** (f).

Le mode de délégation approprié est fonction du groupe auquel appartient le collaborateur.

Trois niveaux de délégation

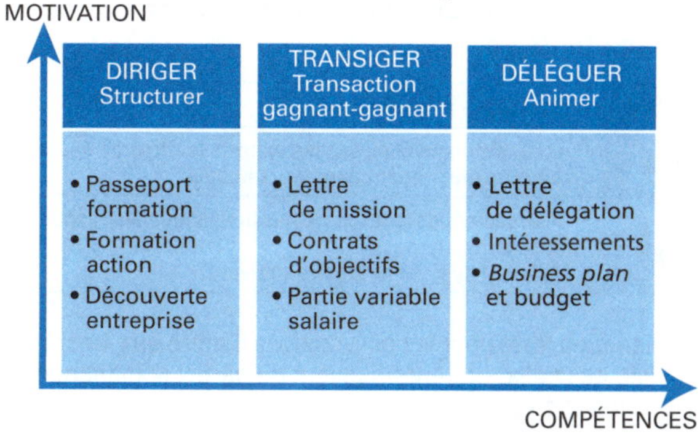

Source : Sylvain Lecocq, *Pourquoi les salariés ne font pas ce qu'on leur demande*, Éditions d'Organisation, 2005.

Un management directif pour les collaborateurs aux compétences faibles

Effectifs	Concerne 5 à 10 % des effectifs.
Profil	• Jeunes collaborateurs sans expérience professionnelle, en acquisition de savoir-faire ou en situation d'urgence ou d'objectifs non atteints. • Peu autonomes.
Action	Un plan de formation permet le calage et le suivi pédagogique.

La délégation est faible voire inexistante : les collaborateurs les plus motivés peuvent développer des actions, entreprendre et faire des recommandations mais ne peuvent pas les implémenter.

Transiger avec le groupe des collaborateurs aux compétences moyennes

Effectifs	Concerne 20 à 30 % des effectifs.
Profil	Collaborateurs qui reproduisent leurs savoir-faire habituels à leur arrivée (sortie d'école, autre entreprise ou mutation professionnelle), ou en baisse d'intensité après 3 à 6 mois dans l'entreprise.
Action	• Redéfinir la lettre de mission, le contrat d'objectifs. • Développer la formation « action » avec une présence forte sur le terrain.

Si le manager reste trop directif, il y a risque de démotivation ou démission.

Le degré d'autorité reste partiel : le manager garde un pouvoir de veto : le collaborateur peut entreprendre des actions uniquement après s'être assuré de son approbation.

Déléguer totalement pour les collaborateurs très compétents

Effectifs	10 à 20 % des effectifs.
Profil	Personnels anciens ou barons experts (cadres de hauts niveaux se maintenant dans leurs acquis).
Action	• Changement de la lettre de mission, nouvelles responsabilités. • Maintien des compétences acquises.

Sans délégation forte pour les plus motivés d'entre eux, en moyens et en pouvoir, ces collaborateurs risquent de partir : le management ne doit surtout pas être directif.

Il faut proposer des évolutions de responsabilités, de nouveaux challenges.

Le degré d'autorité est total : le collaborateur peut décider de certaines actions sans avoir à le notifier ni obtenir d'autorisation.

L'objectif principal est de donner à la personne les moyens de se réaliser, de réaliser sa mission d'entreprise.

▶ Délégation de compétences et répartition des tâches

Il ne faut pas confondre délégation de compétences et répartition des tâches.

Déléguer, c'est confier à un collaborateur la réalisation d'un objectif avec les compétences que cela sous-tend. Cela ne correspond pas simplement avec le fait de répartir des tâches.

Les 5 points clés d'une délégation réussie

- **Choisir le collaborateur compétent.**
- **Communiquer clairement la nature de la mission :** domaine, résultats attendus, degré d'importance et d'urgence de la mission, autorité nécessaire.
- **Informer toutes les personnes et les services concernés** afin d'éviter toute confusion et de maintenir la cohésion d'équipe.
- **Laisser le collaborateur agir.** Déléguez pour des résultats spécifiques et laissez l'individu décider comment il va faire le travail.
- **Contrôles et *feedbacks* réguliers.**
- En fonction des résultats, féliciter, encourager ou réfléchir aux axes d'amélioration.

« Bien diriger une entreprise, c'est être capable de montrer à des employés ordinaires comment faire le travail des employés plus hauts placés. »

John D. Rockfeller Jr.

Les 4 bases du savoir déléguer

Savoir déléguer le bon comme le mauvais : les tâches doivent être une source de plaisir et de motivation pour le collaborateur.

Savoir déléguer progressivement : éviter de transférer trop de responsabilités en même temps.

Savoir déléguer par avance : ne pas attendre qu'une situation de crise ou d'urgence surgisse pour déléguer. Planifiez les tâches à déléguer.

Savoir déléguer responsable : en tant que responsable hiérarchique, le manager garde le contrôle et suit le déroulement de la situation. Il ne s'agit pas d'abandonner le collaborateur à ses nouvelles responsabilités.

AUTOCOACHING RÉFLEXION SUR LA DÉLÉGATION

1. *Quel **plaisir** mettez-vous dans le fait de ne pas déléguer ?*
2. *Quelle **souffrance** mettez-vous dans le fait de ne pas déléguer ?*
3. *Quelle **souffrance énorme** mettez-vous dans le fait de continuer à ne pas vouloir déléguer ?*
4. *Quel **plaisir intense**, même énorme, mettez-vous dans le fait de déléguer ?*

Imaginez-vous dans le futur avec votre nouveau comportement : comment vous sentez-vous ? Comment est votre environnement ? Quelles sont vos capacités ? Que croyez-vous ?

Faire du temps son allié pour bien manager.

La gestion du temps est une discipline, une démarche personnelle et continuelle de fixation d'objectifs, de planification et de replanification dans le but ultime de gagner en qualité de vie et de liberté dans une activité managériale.

▶ Le principe de disponibilité sélective

D'entrée de jeu, donner des limites: que ce soit au début d'un entretien téléphonique ou d'un entretien en face-à-face, le manager rappellera la durée prévue de l'échange quitte à reprendre rendez-vous ultérieurement selon le degré d'importance.

Délimiter des périodes de non-interruption: le manager informera son entourage de façon claire et ferme des périodes durant lesquelles il ne souhaite pas être interrompu.

Faire filtrer les appels: le manager précisera à un assistant les interlocuteurs pour lesquels il est présent (disponibilité permanente), et d'autres sous certaines conditions.

Instituer des rôles et des tours de rôle: savoir se faire remplacer ponctuellement pour certaines tâches.

▶ Identifier les « pièges du temps »

Les interruptions sont le plus souvent dues à:

- **des motifs légitimes.** Ce sont les **vraies urgences**. Il en existe une part incompressible. Il convient de prévoir 20 % de son temps pour ces vraies urgences, et de réfléchir à une disponibilité sélective;
- **une délégation insuffisante.** Le manager donnera à ses collaborateurs des directives précises et des moyens pour mieux les gérer;
- **des demandes techniques, administratives.** Mauvais classement? Manque de réunions de coordination? Le manager recherchera les causes et les traitera;
- **des conversations excessives.** Songer à différer, à déléguer. Le manager cherchera à limiter et à reprogrammer les éléments qui créent la diversion. Il utilisera la disponibilité sélective.

▶ Acquérir de bons réflexes

Souvent, quand on les examine, certaines habitudes n'ont aucun sens. Il convient au manager de revoir ses mauvaises habitudes, vieilles, inefficaces, chronophages, et de garder les **bonnes** habitudes qui font gagner du temps.

▶ Éviter la procrastination

Reporter de façon permanente une tâche à faire est souvent lié au manque de plaisir à la réaliser.

Plus on reporte une tâche, plus l'espace de temps alloué pour bien la faire rétrécit et plus la tâche devient désagréable à effectuer.

Il convient alors de se focaliser sur la liberté, la disponibilité qui sera gagnée une fois cette tâche contraignante effectuée.

La gestion quotidienne des tâches

Le B.-A.-BA: se mettre rapidement au travail.

Faire ce qui n'a pas été fait la veille: les nouvelles tâches à accomplir, les coups de téléphone à donner, les correspondances à rédiger.

Inscrire sur une fiche 5 à 10 tâches à faire impérativement le lendemain, les classer par ordre d'importance et s'engager à les réaliser.

Automatiser les tâches qui peuvent l'être: calculs, facturations, mailings, e-mail… Une bonne maîtrise des logiciels informatiques (tableur, traitement de texte, messagerie) est un atout.

Pour les grands projets: essayer plutôt de **les morceler afin de les rendre plus faciles à gérer** plutôt que d'attendre la dernière minute. « *Vus de loin, les éléphants sont petits* ».

La clé de l'organisation: la planification

L'expérience montre que l'on met moins de temps à réaliser un projet bien planifié.

Quelques minutes de planification par jour peuvent faire gagner jusqu'à une heure de temps par jour.

Planifier permet d'avoir un effet psychologique d'automotivation, une vue d'ensemble de son travail, d'alléger sa mémoire, de mieux se concentrer, d'éviter le stress en faisant tout à la dernière minute et de minimiser les risques d'échec.

Distinguer l'urgent de l'important

Principe d'Eisenhower: établir ses priorités

- Un principe fondamental: s'occuper de ce qui est uniquement **important.**
- Supprimer, déléguer ou refuser les tâches non importantes: elles sont sources de perte de temps.
- Parmi la gestion de l'urgence: les tâches urgentes sont la plupart du temps des tâches qui auraient dû être faites hier. La planification permet de diminuer ce temps consacré aux urgences et de le mettre à profit pour les relations humaines informelles et les tâches imprévues.

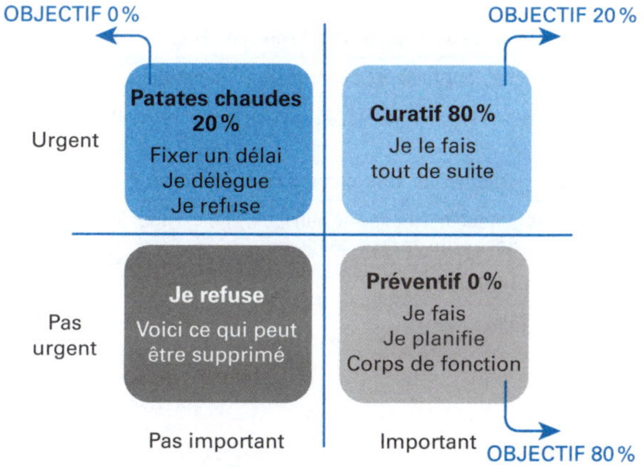

Donner du temps… aux fausses urgences

L'immédiateté met le travail quotidien sous le signe permanent de l'urgence: obsession des rendements immédiats, décisions prises à toute vitesse, traitement, classement et réponse des messages au téléphone portable et e-mail… exigence des clients: l'urgence est devenue la norme!

Faites du temps votre allié! Très souvent, certaines «fausses» urgences se résolvent *naturellement*.

Les 10 points clés de la gestion du temps
1. **Se connaître**: sa tendance à temporiser, ses freins. 2. **Savoir ce qu'il y a à faire**, se fixer des objectifs de réalisation de ses activités. 3. **Faire un planning** et affecter des priorités. 4. **Identifier** les *vraies* et les *fausses* urgences. 5. **Déléguer** ce qui peut l'être. 6. **Gérer les interruptions** et pratiquer la disponibilité sélective. 7. **Organiser son bureau**, classer ses papiers: un travailleur perd en moyenne une heure par jour à essayer de retrouver des renseignements ou du matériel. 8. **Se concentrer sur une seule tâche** et le temps nécessaire à sa réalisation: le cerveau humain n'est pas programmé pour bien faire deux choses à la fois. 9. **L'excès de perfectionnisme**: le temps consacré à une tâche est-il proportionnel à sa valeur? La perfection entre 95 % et 100 % d'un projet coûte autant que les premiers 95 % de ce projet. De quoi réfléchir… 10. **La règle des 20/80 de Pareto** est précieuse en gestion du temps: consacrer son temps et son énergie aux 20 % de son travail qui importent vraiment. En retour, ces 20 % peuvent produire 80 % des résultats requis.

MINI-TEST IDENTIFIEZ VOS OBSTACLES, LES «PIÈGES DU TEMPS»

*Répondez spontanément en mettant une croix correspondant à votre réponse: **1.** Souvent; **2.** Rarement.*

Êtes-vous confronté à ces obstacles externes?	1	2
1. Appels téléphoniques imprévus ou inutilement longs.		
2. Collègues ou collaborateurs venant exposer leurs problèmes ou faire la conversation.		
3. Politique de la porte ouverte: devoir de disponibilité.		
4. Visiteurs, clients, fournisseurs débarquant à l'improviste.		
5. Personnel insuffisamment formé (en particulier secrétariat déficient).		
6. Réunions trop fréquentes, trop longues, mal préparées.		
7. Rendez-vous (médecins, leçons de musique, sports) pour les enfants, avec nécessité de les y conduire.		
Total obstacles externes		

■■■

Êtes-vous confronté à ces obstacles internes ?	1	2
8. Priorités et objectifs confus et changeants.		
9. Absence de plan de travail quotidien.		
10. Travaux non terminés, encore en cours.		
11. Pas de dates limites, auto-imposées.		
12. Tendance à en faire trop, perfectionnisme.		
13. Manque d'ordre, bureau mal rangé.		
14. Confusion et doublons dans les responsabilités.		
15. Délégation insuffisante.		
16. Résistance au changement.		
17. Inaptitude à dire non.		
18. Indécision ou décisions trop rapides.		
19. Retard à traiter les conflits.		
20. Fatigue, baisse de forme.		
21. Recommencer un travail à moitié fini.		
22. Trier, relire vos papiers plusieurs fois.		
23. Estimation du temps irréaliste.		
24. Absence de liste de choses à faire.		
25. Repousser à plus tard certaines activités.		
Total obstacles internes		

Pour chacun des obstacles identifiés : qu'allez-vous mettre en œuvre ? Proposez des solutions et ***engagez-vous*** *à les appliquer.*

AUTOCOACHING SAVOIR DIRE NON

La difficulté à dire non est l'un des principaux obstacles internes à une bonne gestion du temps.

1. Repensez à une situation où la difficulté à dire non a été éprouvée.
2. De quoi avez-vous peur ? Que croyez-vous ?
3. Quelles sont les conséquences, si vous continuez à dire oui, sur le plan affectif, professionnel, social ?
4. Reprenez la même situation et imaginez l'expression du non.
5. Quelles en sont les conséquences ? Que ressentez-vous ?
6. Qui devez-vous être pour exprimer ce non ?
7. De quelle façon allez-vous vous y prendre la prochaine fois ?

8 SAVOIR CONDUIRE UNE RÉUNION

Un outil de communication puissant à animer dans un cadre précis.

Des réunions formelles, efficaces doivent être utilisées comme outils de management pour former et planifier le personnel, communiquer et rassembler des informations importantes, réfléchir à des solutions.

▶ Préparer une réunion

Informer et diffuser l'information

Pour réussir et avoir du sens, les réunions doivent être contrôlées **par un écrit** qui doit être distribué à tous les participants concernés.

Si possible, il est préférable de privilégier des réunions de manière régulière, à la même heure, au même endroit. Les participants peuvent ainsi s'organiser.

Choisir une disposition spatiale adaptée

1. Pas de table : facilite l'écoute et les échanges ; effectif réduit.

2. Table ronde : convivialité. Facilite l'échange et la concentration.

3. Table rectangulaire : proche de lasituation précédente.

4. Disposition en face-à-face : peut entraîner des attitudes de compétition.

5. Attention centrée sur une personne isolée : convient pour un exposé mais pas pour un débat.

Évaluer la pertinence d'une réunion

La phase de préparation permet d'affirmer la légitimité de la réunion dans la perspective des objectifs fixés et des résultats visés : recueillir des informations, informer, rechercher des solutions, débattre, résoudre un conflit, négocier, réaliser un accord, etc. Il faut éviter les réunions « fourre-tout », définir des objectifs, les thèmes abordés et s'y tenir.

Une réunion se justifie si les informations risquent d'être sujettes à des réactions. Autrement, il convient de privilégier les notes internes ou les mails.

Convier les collaborateurs concernés

Une réunion doit correspondre à un besoin reconnu par l'ensemble des participants pour permettre d'exploiter leur intelligence collective. Il est préférable de limiter le nombre de participants.

Le manager évitera le mélange de statuts et de grades qui va inhiber les employés subalternes.

Limiter la durée de la réunion et s'y tenir

Il est indispensable de définir une durée (maximum 2 heures), une heure de démarrage et une heure de fin, et de s'y tenir. La plupart des collaborateurs ont peur des réunions car elles n'en finissent pas. Heure, jour et durée doivent être fixés au départ puis respectés.

Gérer un problème

Si le manager pressent un problème, il faut qu'il ait un échange avec la personne concernée avant la réunion à ce sujet. Prendre le recul nécessaire avant la réunion est donc indispensable.

Si un problème est soulevé en cours de réunion et non prévu dans les thèmes à aborder, il est préférable de proposer un autre rendez-vous aux collaborateurs concernés pour éviter tout risque de dépasser la durée prévue. Il faut s'en tenir aux objectifs fixés.

Si un conflit éclate, il doit être réglé en dehors de la réunion. Il faut être très clair sur ce point avec les participants.

▶ Les qualités du manager animateur

Être impliqué : le manager veillera à être écouté et compris. Il montre de l'intérêt pour les points de vue exprimés, prend des notes, n'hésite pas à prendre la parole et à poser des questions.

Être tolérant : il accepte et respecte les opinions des autres et remet en cause éventuellement ses opinions personnelles. Il évitera d'exprimer des jugements négatifs sur les interventions des participants.

Faire preuve d'une neutralité bienveillante : le manager reste neutre, il synthétise et reformule ce qui a été dit de façon à recentrer les échanges sur les objectifs. Cela facilitera la préparation du compte rendu à rédiger après la réunion.

Être facilitateur et régulateur : le manager doit permettre à chacun de s'exprimer, limitant les personnes qui monopolisent la parole et encourageant celles qui sont au contraire timides.

Rester courtois : le manager évitera de manifester son désaccord de façon agressive, n'abusera pas de son temps de parole, restera aimable, souriant et poli.

Être patient : le manager évitera d'interrompre une intervention en cours et choisira le bon moment pour intervenir en demandant la parole. Il évitera de manifester son impatience (tapotement de doigts, de pieds…).

MINI-TEST **AUTOÉVALUATION D'ERREURS DE CONDUITE DE RÉUNION**

En tant que manager, vous venez de terminer une réunion avec un sentiment fort d'insatisfaction.
Répondez spontanément en mettant une croix correspondant à votre réponse : soit plutôt vrai, soit plutôt faux.

Causes d'échecs probables (non exhaustif)	V	F
1. Objectifs non atteints		
2. Thèmes prévus non abordés		
3. Ambiance pénible : tension, gênes		
4. Débats stériles		
5. Nombreux absents		
6. Groupe trop nombreux		
7. Groupe passif		
8. Apartés, sous-groupe, conversation à voix basse		
9. Participants accaparant la parole		
10. Hostilité du groupe, franche ou latente, à l'égard du manager		
11. Inconfort des sièges de la salle de réunion		
12. Température insuffisante ou excessive		
13. Perturbations extérieures : bruits, travaux extérieurs, téléphone		
14. Intervention du manager : anxiété, hostilité, agressivité, passivité, rigidité…		
15. Autres :..		

Un score élevé de « plutôt vrai » vous invite à réfléchir à vos erreurs de conduite de réunion.

AUTOCOACHING **AMÉLIORER SA CONDUITE DE RÉUNION**

1. *Listez trois causes probables d'erreur de conduite de réunion (les plus fréquentes).*
2. *Faites des remarques sur votre degré de responsabilité en tant que manager.*
3. *Quels sont les points perfectibles ?*
4. *Qu'allez-vous mettre concrètement en place pour passer à un niveau supérieur la prochaine fois ?*

« Plus d'une personne sur deux : c'est la part de la population qui appréhende de s'exprimer devant une assemblée. »

Selon le psychiatre Christophe André,
auteur de *Psychologie de la peur* (Odile Jacob, 2004)

« Quand vous cherchez des gens à recruter, vous devez rechercher trois qualités : l'intégrité, l'intelligence et l'énergie. Et s'ils ne possèdent pas la première, les deux autres vous tueront. »

Warren Buffet

Le recrutement d'un nouveau collaborateur est une tâche délicate pour un manager pouvant entraîner une influence positive ou négative sur la cohésion de l'équipe et le travail du futur recruté. Plusieurs points clés sont à retenir.

▶ Définir un profil de poste

Il est nécessaire de décrire précisément quels seront **les rôles** et **attributions précises** du poste faisant l'objet du recrutement. À ce titre, l'entretien de recrutement nécessitera deux outils complémentaires :

- **la fiche de poste :** cette fiche facilitera la rédaction de l'annonce de recrutement et cadrera les entretiens d'embauche ;
- **une grille d'évaluation de profil de poste** permettant de visualiser sur une échelle de 1 à 4 les qualités et compétences attendues.

Ce cadrage permettra également de ne pas « survendre » un poste et de faire miroiter un candidat. Les désillusions entraîneraient rapidement un échec de recrutement à moyen terme.

▶ Classer les compétences prioritaires et secondaires

Une bonne approche de recrutement est de classer les compétences en fonction **des priorités** requises par le poste :

- Les compétences **prioritaires** sont celles nécessaires pour réaliser le travail.
- Les compétences **secondaires** sont fonction de la vision de l'entreprise et de la vision de l'évolution du poste.

Par exemple, la maîtrise de l'anglais commercial peut être considérée comme une compétence secondaire si l'entreprise n'envisage d'exporter aux USA que dans 6 mois.

▶ Créer des indicateurs de mesure et de suivi pour le poste

La qualité et la performance d'un travail reposent sur des critères (indicateurs) de « performance » à établir par le manager. Le futur collaborateur aura une idée du travail à réaliser et des critères de satisfaction à valider.

Par la suite, le manager s'appuiera sur ces indicateurs lors des entretiens d'évaluation.

Il est crucial de prévoir les méthodes et procédures utiles, nécessaires au futur collaborateur, pour qu'il puisse avoir les moyens de faire remonter ses informations facilement.

Développer une vision du recrutement sur le long terme

Les perspectives d'évolution donnent du sens et de la motivation au futur collaborateur. Les compétences secondaires serviront de leviers « pour prévoir » ces évolutions et évoquer les opportunités de carrière.

Entendre sa voix : faire confiance à son intime conviction

Il y a certaines informations qu'un CV et une lettre de motivation ne peuvent dire. « Sentir » ou « ressentir » le bon contact ou le potentiel d'une personne est également une affaire de relations humaines et d'écoute de soi-même. La décision est affaire d'intime conviction, même si la personne recrutée ne correspond pas idéalement au profil de poste.

Informer son équipe du recrutement

Une entreprise est un système. Et tout nouveau recrutement modifie le système, notamment la cohésion de l'équipe existante. La communication d'une information de recrutement s'impose pour ne pas laisser courir de bruit, de rumeur, de craintes. Et si possible, pourquoi ne pas associer l'équipe au recrutement ?

Préparer l'intégration du futur collaborateur

Un bon accueil, une bonne intégration sont autant de points essentiels à préparer pour que la nouvelle recrue se sente reconnue et appréciée, et puisse être rapidement opérationnelle : livret d'accueil, découverte de l'entreprise, présentations, pot d'accueil…

La motivation est le principal facteur de la performance autravail.

La motivation (*motus* = motif *et moverer* = mouvoir) est une force motrice, une énergie qui pousse à agir. La motivation au travail peut ainsi se définir comme un processus qui active, oriente, dynamise et maintient le comportement des individus vers la réalisation d'objectifs attendus.

▶ Les principales sources de motivation au travail

Approche selon Maslow (1943)

Cette théorie hiérarchise les **besoins**: plus on « monte » de niveaux, plus la motivation est importante. Mais on ne peut atteindre les niveaux supérieurs que si les besoins plus primaires (physiologiques) sont satisfaits.

Pyramide des besoins

Motivations

5. Épanouissement, responsabilité, autonomie, dépassement de soi, challenge.
4. Reconnaissance du travail accompli, écoute.
3. Adhésion à des objectifs, dévouement aux autres, construction de l'équipe, être bien dans son équipe.
2. Contrat, hygiène et sécurité du lieu de travail.
1. Argent, bonnes ressources matérielles, confort, pouvoir se restaurer.

Approche selon Herzberg

En 1971, les travaux de Herzberg démontrent que les facteurs de motivation se rapportent essentiellement au **contenu du travail**.

Ils sont associés à la satisfaction au travail et tendent à susciter des sentiments de développement personnel:

- Accomplissement: réalisation d'un travail bien fait.
- Reconnaissance des accomplissements.
- Le travail proprement dit (objet du travail).
- La responsabilité.
- La promotion ou l'avancement.
- La possibilité de développement.

▶ La motivation appliquée à soi-même en tant que manager

Pour manager, il faut être passionné pour sa mission d'entreprise, son métier, et passionnant pour ses collaborateurs. Il est indispensable de faire le point sur sa propre motivation: sa volonté de réussite sociale, sa capacité à se dépasser, s'approprier et détenir des responsabilités, être un modèle pour son équipe.

Il est essentiel, pour maintenir une bonne énergie, de prendre soin de sa forme en tant que dirigeant : équilibre nutritionnel, équilibre sportif, équilibre personnel.

Se centrer sur les talents de ses collaborateurs

« Le manager perspicace apprend qu'une des expériences les plus passionnantes de la vie consiste à faire d'une personne ordinaire… une personne extraordinaire. »
J.-D. Batten

Nombreux sont les managers qui pensent que c'est à force de travail acharné, de privation que leurs collaborateurs vont gagner en compétences : le succès doit à tout prix passer dans la douleur.

Mais il ne faut pas confondre « effort » et « douleur ». L'effort peut se faire aussi dans le plaisir et c'est souvent là que l'on donne le meilleur.

Si un manager veut vraiment que ses collaborateurs se hissent au sommet de leur potentiel, il doit apprendre à repérer leurs limites mais aussi et surtout leurs talents ; il doit repérer dans quelle direction les dispositions personnelles de chacun les orientent. Il optimisera les budgets de formation et développera des équipes motivées.

Les 5 qualités du manager motivant

Donner du sens

Échanger avec ses collaborateurs sur les priorités du service et sur la stratégie globale de l'entreprise : savoir où l'on va, avec des objectifs clairement définis est essentiel.

Inspirer la confiance

Il n'y a pas de motivation sans confiance. Travailler avec la confiance de son supérieur donne envie de progresser.

Responsabiliser

Une façon de transmettre sa propre motivation est la délégation. Responsabiliser ses collaborateurs passe par les inciter à mettre en œuvre leurs idées et les autonomiser.

Stimuler, challenger

Le manager doit savoir transmettre des impulsions à ses collaborateurs en lançant de temps en temps des défis, des challenges associés à une récompense.

Encourager et féliciter

La reconnaissance des mérites de chacun est l'un des principaux facteurs de motivation : le manager bienveillant salue les mérites, donne aux collaborateurs des repères dans son travail.

« Une suite de petites volontés fait de gros résultats. »
Charles Baudelaire

MINI-TEST ÊTES-VOUS UN MANAGER MOTIVANT ?

Répondez spontanément en mettant une croix correspondant à votre réponse : soit plutôt vrai, soit plutôt faux.

Capacité de motivation	V	F
1. J'ai foi en mon discours et j'affirme haut et fort la stratégie et les objectifs de l'entreprise.		
2. Je donne l'exemple par des actions concrètes.		
3. J'encourage et je félicite mes collaborateurs.		
4. Je stimule l'esprit de compétition, je challenge.		
5. Je procède à des entretiens d'évaluation pour faire le point sur les compétences de mes collaborateurs.		
6. Je veille à rester en forme : sport régulier, alimentation équilibrée, pas d'excès d'alcool.		
7. Les conflits sont traités et clarifiés sans délai.		
8. Le potentiel de chaque collaborateur est identifié.		
9. Toutes les idées d'amélioration sont encouragées.		
10. Je sais quoi et comment déléguer.		
11. Je veille à donner un bon *feedback*.		
12. Chacun est libre d'exprimer ses idées en toute sécurité.		
13. Je suis attentif aux demandes de mes collaborateurs, je les écoute et sais les conseiller.		
14. Je suis vigilant pour déceler d'éventuelles démobilisations.		
15. Je suis au clair avec ce qui me convient aujourd'hui personnellement et professionnellement.		
Total		

Un total élevé en « plutôt vrai » indique une bonne aptitude à motiver ses collaborateurs.

AUTOCOACHING SAVOIR MOTIVER

1. *Qu'ai-je besoin d'améliorer pour augmenter le niveau de motivation de mes collaborateurs ?*
2. *Dans 1 ou 2 ans, quelles qualités mon équipe pourra-t-elle me reconnaître ? Qu'aurai-je réussi ?*

Avoir une idée claire des objectifs est le secret des grands managers.

Les objectifs sont la traduction directe des grands choix stratégiques de l'entreprise. Ils permettent le pilotage du système commercial. Parmi les principes à respecter pour réussir un bon management, il est tout d'abord nécessaire de fixer des objectifs réalistes stimulant son équipe.

Les principaux types d'objectifs

Les objectifs quantitatifs sont des objectifs chiffrés, mesurables, exprimés en chiffre d'affaires, en marge brute ou en quotas de vente sur une période donnée. Ils sont généralement fixés par la direction générale tenant compte de la réalité du marché.

Les objectifs déductifs sont élaborés à partir de statistiques précises.

Les objectifs volontaristes sont déterminés en fonction de la politique commerciale (promouvoir en priorité tel ou tel produit).

Les objectifs qualitatifs, non mesurables et plus subjectifs, permettent de faire passer la satisfaction du client avant le chiffre d'affaires, de privilégier une cible de clientèle à démarcher, de modifier l'image d'une entreprise, de rassurer en période de crise…

Les objectifs collectifs ont pour avantage de donner un sens au travail du collaborateur et favorisent la culture d'entreprise.

Les objectifs individuels impliquent davantage le collaborateur, reconnu dans ses efforts personnels.

Plus une équipe sera vigilante et consciente de ce qu'elle fait, collectivement et individuellement, meilleurs seront ses résultats.

Les compétences et idées de chacun seront mises en commun pour déterminer les orientations. Le plan d'action retenu sera celui de la volonté du groupe.

Les critères d'un objectif motivant

Les critères objectifs

Selon la méthode Cegos, les objectifs sont un PACTE à conclure avec le manager.

P	**Progressifs** d'une période à l'autre (N/N–1).
A	**Adaptés :** individualisés selon les marchés, les clients, le profil du collaborateur.
C	**Concrets :** mesurables et réalisables, ni trop élevés ni trop bas, ni fantaisistes.
T	**Transparents :** le système d'évaluation doit être clair pour éviter les surprises.
E	**Échéancés :** mettre en place des objectifs hebdomadaires, mensuels, trimestriels.

Un collaborateur va d'autant mieux fonctionner qu'il sait où il va : il peut fournir des efforts importants sur une brève période.

Les critères subjectifs

Il est important qu'un objectif soit:

Positif: formuler de préférence ce que l'on veut plutôt que ce que l'on ne veut pas.

EXEMPLE
À éviter : « *Ne pas oublier de relancer les prospects.* »
Préférer : « *Relancer les prospects.* »

Ambitieux: le collaborateur apprend davantage avec un objectif élevé et exigeant qu'avec un objectif «facilement réalisable». Cela provoque une tension positive qui lui permet de se lever le matin pour poursuivre son but.

Ludique: souvent, l'approche des objectifs est trop sérieuse. Chaque fois qu'il y a du plaisir, il y a plus de motivation.

Écologique: il s'agit de préserver et respecter son système environnant tant familial que professionnel.

▶ Valider un objectif motivant

La méthode QQOQCCP

Un questionnement pertinent autour d'un objectif permet de valider les critères nécessaires à sa bonne réalisation.

Quoi? Quel est l'objectif? Le formuler par écrit.

Quand? Quelle est la date butoir de réalisation? Quels sont les délais prévus? À quelle période? Les collaborateurs sont-ils conscients du temps nécessaire à la réalisation de la tâche prévue?

Où? Quel est le lieu de réalisation: secteur géographique? Un endroit particulier est-il à déterminer? L'environnement est-il un obstacle possible à la réalisation de l'objectif?

Qui? Qui sont les collaborateurs concernés? Quelles sont les personnes impliquées, de près ou de loin, dans l'atteinte de cet objectif?

Comment? De quelles ressources les collaborateurs ont-ils besoin? Quelles compétences doivent-ils mobiliser pour atteindre cet objectif et obtenir de meilleures performances? Quelles qualités aimeraient-ils développer davantage? Qu'est-ce que le manager a besoin d'apprendre ainsi que ses collaborateurs pour atteindre cet objectif? Quels sont les moyens matériels dont le manager et ses collaborateurs disposent?

Combien? Quel en est le prix à payer, en termes de budget mais également en termes d'investissement personnel? D'énergie à déployer pour tenir dans la durée? De sacrifices personnels consentis?

Pour quoi? Quel est le projet de l'entreprise derrière cet objectif? Quel sens donner à ses collaborateurs? Quels résultats sont attendus?

▶ Anticiper les obstacles

Identifier les obstacles

– Quelles raisons empêcheraient le manager et ses collaborateurs d'atteindre cet objectif?

– Quelle est la façon dont se répètent ses échecs ?

– Qu'est-ce que le manager risque de perdre ou d'abîmer en atteignant cet objectif ?

Prévoir une soupape de sécurité

– Que se passe-t-il si l'objectif n'est pas atteint ?
– Un plan B est-il prévu ?

« [...] Un gagnant, c'est quelqu'un qui sait ce qu'il va faire quand il va perdre... »
Éric Berne

AUTOCOACHING **VISUALISER VOTRE OBJECTIF**

1. Écrivez votre objectif sur une feuille de papier.
2. Quel intérêt avez-vous à atteindre cet objectif ?
3. Choisissez des mots clés (actions) en lien avec votre objectif.
4. Choisissez les 8 plus importants et placez-les sur le schéma ci-dessous.
5. Donnez à chacun des points clés une note sur 4 :
0 = Action non réfléchie, non réalisée.
1 = Action réfléchie mais non réalisée.
2 = Action réfléchie et en cours de réalisation.
3 = Action réfléchie et aboutie.
6. Reliez les points et coloriez le graphique radar.
7. De quoi prenez-vous conscience ?
Objectif : ....

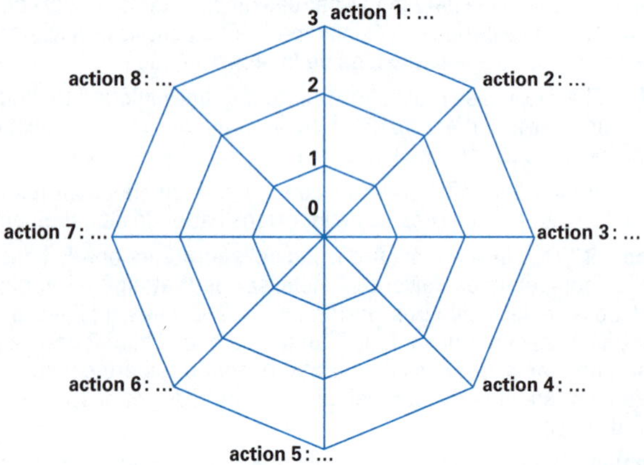

« Un objectif correctement défini est à moitié atteint. »
Abraham Lincoln

Construire une coopération efficace avec des collaborateurs engagés.

Étymologiquement, le coaching semble venir de l'anglais *to coach*, utilisé pour marquer l'action d'un entraîneur sportif ou d'un manager. En réalité, il vient du mot français « coche », dérivé du *koks* hongrois qui signifie « diligence ». Le coach serait donc celui qui aiderait à transporter le coaché vers une destination. C'est donc bien le coaché qui choisit la destination et le coach qui l'aide à optimiser son potentiel pour y arriver du mieux que possible.

La démarche du coaching permet d'obtenir des résultats intéressants en terme de gestion d'équipe et de travail d'accompagnement vers la performance et le changement.

▶ Les qualités du manager coach

Le manager coach cherche à faire adhérer les membres de son équipe à la mission qu'il a préalablement définie *avec eux*, et à rendre visibles les objectifs de l'équipe.

Les techniques d'écoute et d'approche relationnelle facilitent la performance à condition de respecter certains critères.

Le respect: c'est un des fondamentaux du coaching qui doit s'appliquer dans la relation de management, à travers la reconnaissance, mais également la façon de développer les solutions. Le manager permet au collaborateur de prendre du recul et de décider de modifier lui-même son comportement.

La tolérance: le manager doit être ouvert à toutes les idées, sans jugement. Il doit questionner et partager les informations, même si c'est lui qui prend l'initiative et décide.

L'honnêteté et l'intégrité: le manager coach est sincère et direct. Il dit les choses telles qu'elles sont; il a la faculté d'apporter un *feedback* et fournit au collaborateur de l'information sur son comportement. Il est fiable: il dit ce qu'il fait et il fait ce qu'il dit.

La spécificité: il est essentiel de prendre en compte la spécificité de chacun des collaborateurs pour construire une solution commune.

La coresponsabilité: elle est partagée avec le collaborateur. Être *manager coach*, c'est être un modèle inspirant pour ses collaborateurs, renoncer à une attitude d'autoritarisme et privilégier une organisation bienveillante favorisant l'harmonie de ses collaborateurs.

▶ Techniques de base: le questionnement

La technique de base en coaching consiste à poser les questions pertinentes afin de faire parler le collaborateur. Il prend ainsi conscience de ses propres ressources.

Le coaching se démarque du conseil dans le sens où il ne cherche pas à plaquer des modèles ou faire la leçon à ses collaborateurs.

Cerner un problème : le modèle SCORE

Outil développé par Robert Dilts, il permet de diagnostiquer les causes d'une situation non satisfaisante et aide à la recherche de nouvelles solutions.

La situation présente est analysée à travers des **S**ymptômes (S) et les **C**auses du symptôme (C). Puis un nouvel **O**bjectif est défini (O) en prenant en compte les **R**essources nécessaires (R). Pour s'assurer de la cohérence des solutions proposées, il faut prendre en compte les **E**ffets (E) produits. Les effets positifs sont la motivation ou la raison qui pousse à atteindre l'objectif. Les effets négatifs sont les résistances vis-à-vis de l'objectif désiré.

Les questions utiles	
Situation	Qu'est-ce qui se passe ? Dans la situation présente, que souhaitez-vous améliorer ? Que voulez-vous changer ?
Causes	Qu'est-ce qui est à l'origine de cela, selon vous ? C'est à cause de qui ? De quoi ? Qu'est-ce qui fait que vous préférez conserver la situation présente ? Pourquoi(1) ?
Objectifs	Que voulez-vous à la place ?
Ressources	De quoi avez-vous besoin pour atteindre votre objectif ? Y a-t-il d'autres ressources dont vous pourriez avoir besoin ? Et s'il y en avait une, quelle serait-elle ? Qu'est-ce qui vous empêche(2) d'atteindre votre objectif ?
Effets	Quel est le résultat attendu si l'objectif est atteint ? Comment voyez-vous la situation ?

(1) La technique des 5P : très efficace, poser 5 fois « pourquoi ? » permet de remonter aux causes premières d'une situation.

(2) « Rien ne m'empêche » : l'exploration est terminée. Si la réponse est « je ne peux pas à cause de... » alors il y a une nouvelle cause qui était peut-être bien cachée et qu'il faut explorer à son tour.

Rechercher les solutions et réaliser un plan d'action

Le problème étant cerné, le collaborateur ayant conscience de ce qu'il doit faire, le rôle du manager sera d'assurer que la personne va rechercher les options nécessaires à l'atteinte de ses objectifs.

Après avoir validé le choix d'une solution, un plan d'action immédiat est mis en place avec engagement du collaborateur.

« Pour avoir du talent, il faut être convaincu qu'on en possède. »
Gustave Flaubert

Quatre étapes fondamentales: les questions utiles	
1. Valider l'objectif à atteindre	Si je comprends bien, votre objectif est… C'est ce que vous voulez?
2. Suggestions de solutions	Quelles possibilités avez-vous maintenant pour atteindre votre objectif? Proposez-moi au moins 5 solutions dont 2 extravagantes, insensées[1].
3. Choix d'une solution	Parmi les solutions suggérées, laquelle pouvez-vous mettre en place facilement pour vous y engager **immédiatement**?[2]
4. Plan d'action et suivi	Quand? Quel jour, quelle heure? Comment? Avec qui? Par quoi allez-vous commencer?

(1) Solutions extravagantes : il est très intéressant de suggérer au collaborateur des solutions «irréalistes, farfelues, inimaginables». Cela permet de libérer l'imaginaire et la créativité du collaborateur qui peut y puiser une idée jusque-là «bloquée» ou insoupçonnée.

(2) Immédiatement : il est important de poser les actions et d'obtenir l'engagement du coaché.

« Un bon plan qu'on peut mettre en œuvre maintenant vaudra toujours mieux qu'un plan parfait qu'on pourra mettre en œuvre la semaine prochaine.»

Général Georges S. Patton

Lever les freins: faire appel à des coachs professionnels externes

Les peurs, les croyances liées à son système d'éducation et culturel, l'expérience personnelle peuvent être des sources de blocages et empêcher le potentiel d'un collaborateur de s'exprimer.

De nombreuses entreprises qui réussissent investissent dans le développement personnel et font ainsi appel à des coachs professionnels externes.

« Derrière un homme qui a réussi, il y a toujours un homme qui a agi.»

Pablo Picasso

Un véritable capitaine de navire.

Le manager doit prendre connaissance régulièrement de l'état et de l'évolution du système qu'il pilote, déceler les « clignotants » rouges et prendre des décisions d'orientation qui s'imposent.

Aujourd'hui, le pilotage de la performance passe par le lien entre le moyen/long terme stratégique et le court terme opérationnel.

▶ Le pilotage stratégique à long terme

Vision et stratégie d'entreprise

Avec une évolution de plus en plus rapide de l'environnement et du raccourcissement des cycles de vie des produits, la notion de **vision** est l'un des mots les plus délicats et le moins compris dans le langage du management. Pourtant, c'est à travers une vision claire qu'une organisation résiste au temps et donne du *sens* au travail de ses collaborateurs.

La veille technologique, prospective, concurrentielle permet de reconnaître les tendances et nouveaux besoins du marché, de prévoir les changements, d'anticiper et d'innover.

Savoir ce que l'on veut (Quoi ?), où l'on va (Où ? Quand ?) et comment on y va est à définir au niveau de la stratégie (objectifs, cible et positionnement).

Il convient de faire participer les collaborateurs à ces réflexions.

Une vision claire se définit également par des critères, des valeurs, une culture, une identité d'entreprise : ils sont essentiels pour le développement réussi d'une organisation et d'un positionnement réussi.

Les objectifs assignés à un manager s'inscrivent dans le cadre général de la stratégie : les actes quotidiens et la démarche de manager doivent s'y intégrer avec cohérence.

Sans vision et stratégies définies, pas de pilotage efficace.

Le *business plan*

Un *business plan* (plan d'affaires ou plan d'entreprise) concrétise la stratégie d'entreprise, avec les actions et les moyens à mettre en œuvre pour atteindre les objectifs visés. Le *business plan* est une vue d'ensemble du plan d'action commercial (PAC), social (PAS) et technologique (PAT). Il est souvent conçu à l'occasion d'une création d'entreprise, mais également rédigé pour le management, la planification que pour obtenir des financements (banques, investisseurs).

Le tableau de bord prospectif ou *Balanced Scorecard*

Le modèle de tableau de bord, selon Robert Kaplan et David Norton, apporte une vision plus équilibrée sur **la performance globale** de l'entreprise. Il inclut notamment la valorisation du capital immatériel de l'entreprise, comme la valeur de la marque, l'innovation et les activités de recherche et développement, le portefeuille clients, les compétences et le capital humain, ou encore la performance des processus internes et externes.

La performance est déclinée en quatre perspectives :

1. **Les clients :** comment les clients considèrent-ils l'entreprise ? Que faut-il leur apporter ?
2. **Les processus internes :** en quoi l'entreprise est-elle meilleure ?
3. **L'apprentissage organisationnel :** comment piloter le changement et l'amélioration ?
4. **Les indicateurs financiers :** quel regard les actionnaires portent-ils sur la performance de l'entreprise ?

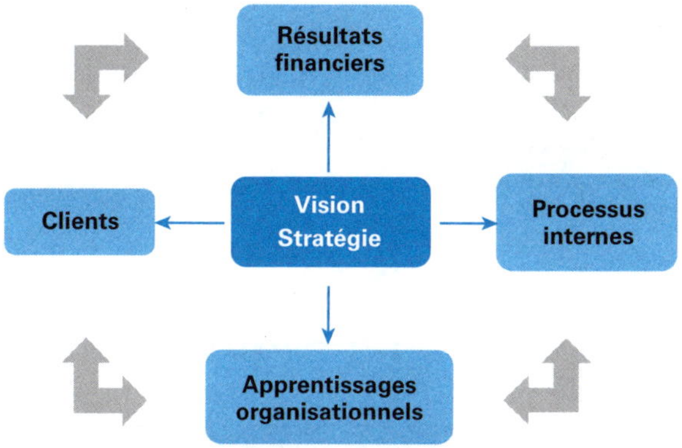

Le tableau de bord prospectif joue un rôle dans le management des risques (stratégiques, opérationnels, financiers). Les indicateurs de mesure devraient informer des événements susceptibles d'influencer défavorablement l'atteinte des objectifs. Les managers sont en mesure de pouvoir réagir en temps opportun afin de contrôler ces risques.

▶ Le pilotage tactique à court terme

Le tableau de bord opérationnel

La mise en place d'un tableau de bord récapitulatif des indicateurs clés est le fruit d'un travail de réflexion basé sur la connaissance opérationnelle de l'entreprise.

Le manager regroupe dans ce tableau de bord les objectifs (prévisions) et les indicateurs de performance qui s'y rattachent (commerciaux, financiers, etc.).

Son but est de comparer les prévisions avec les réalisations, d'analyser les écarts, de mesurer les performances et les résultats de l'entreprise, de jouer sur les leviers d'actions de manière à corriger les écarts constatés.

Le tableau doit être facile à lire et à interpréter. Il peut être élaboré à différents niveaux de responsabilité et services et sa fréquence peut être hebdomadaire, mensuelle, trimestrielle en fonction des besoins du manager.

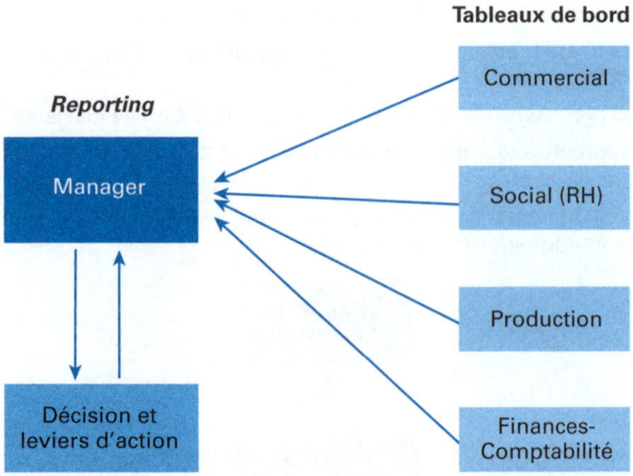

EXEMPLE D'UN TABLEAU DE BORD COMMERCIAL

Indicateur de mesure : CA

CA (k€)	Prévu	%	Réalisé	R/P	Écart
Janvier	7200	40	5000	69,4 %	– 2200
Février	6300	35	6200	98,4 %	– 100
Mars	4500	25	4600	102,2 %	+ 100
Total	**18000**	**100**	**15800**	**87,8 %**	**– 2200**

Prévu : objectifs fixés sur la période.

Réalisé : valeur générée sur la période.

R/P : taux d'atteinte des objectifs exprimé en %

$$\frac{\text{Réalisé}}{\text{Prévu}} \times 100$$

Écarts : s'expriment en valeur absolue ou en pourcentage.
Des colonnes de valeurs cumulées ou de valeurs comparées à N–1 sont également intéressantes à l'analyse de l'activité.

SAVOIR INSPIRER : LE *LEADERSHIP* 14

Ouvrir la voie et susciter l'enthousiasme de son équipe.

Leadership vient de l'anglais *leader*, le chef, désigné par ses pairs. Il peut être défini comme la capacité d'un individu à influencer, à motiver et à rendre les autres capables de contribuer à l'efficacité et au succès des organisations dont ils sont membres.

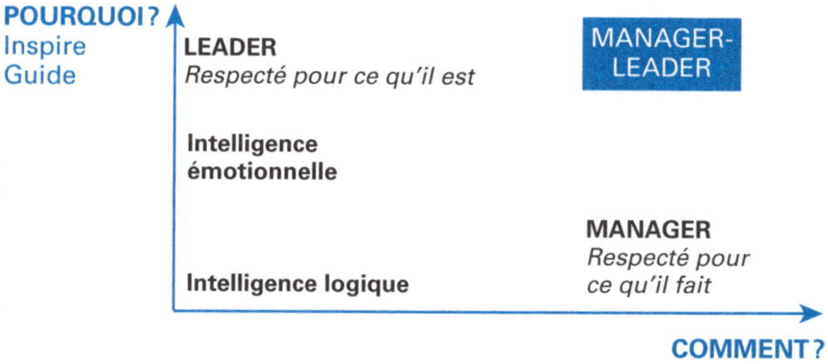

▶ Les origines du *leadership* : 2 théories qui s'affrontent

Le syndrome Superman : théorie du « grand homme » selon laquelle on est « *leader* né ». Le *leadership* viendrait de dispositions naturelles et d'un certain nombre d'attributs non modifiables : haute taille, intelligence supérieure, forte personnalité, humour, charisme, vision, courage, etc.

Le « *leader* contextuel » : cette approche considère que nul ne naît leader. Chacun peut le devenir à condition de se trouver au bon endroit, au bon moment, afin de révéler ses qualités et ses compétences. Le *leadership* est avant tout une question d'adéquation et de compatibilité entre une personne et une situation.

▶ Management et *leadership*

Le management et le *leadership* font appel à des qualités et des compétences complémentaires.

Les capacités managériales : le manager administre et coordonne de manière efficace et efficiente les ressources (matérielles, financières, humaines, etc.) en vue d'atteindre les objectifs de l'organisation. Il mobilise les capacités logiques du cerveau gauche.

Les capacités du *leadership* : le *leader* est un visionnaire capable de mobiliser naturellement ses publics. Il développe des capacités créatives et imaginatives de son cerveau droit, il est source d'inspiration pour son équipe et fait preuve d'intelligence émotionnelle.

Les qualités d'un bon leader

Il sait donner du sens tant dans la direction que dans le contenu.

Il donne l'exemple par une attitude positive et confiante, en croyant en ses collaborateurs. Dans les moments difficiles, il reste optimiste et combatif.

C'est un bon communicant, il a des gestes amples, le regard direct et la voix posée : il parle peu et écoute beaucoup.

Il est attentif aux détails et aux réactions de ses collaborateurs et adapte son comportement en fonction des situations.

Les styles de *leadership* selon D. Goleman

Pour être un bon *leader*, il faut établir et créer de la **résonance** : faire écho aux demandes et aux émotions de son équipe.

Cette résonance dont parle Goleman résulte naturellement de l'intelligence émotionnelle (conscience et gestion de soi, conscience sociale et gestion de la relation).

On distingue six styles de *leadership*.

Le *leadership* visionnaire : il inspire et partage sa conviction dans sa vision. Le style est approprié lorsque des changements nécessitent une nouvelle orientation, une nouvelle vision ou un changement radical.

Le *leadership* coaching : à l'écoute, il conseille, encourage et délègue. Il est connecté avec les objectifs du collaborateur et ceux de l'organisation. Style adapté aux collaborateurs motivés et compétents.

Le *leadership* social : il favorise l'harmonie, stimule le moral et résout les conflits. Le style encourage la cohésion d'équipe et renforce les liens.

Le *leadership* consensuel : excellent auditeur, ce style encourage le travail en équipe pour obtenir des apports de valeur et de l'engagement par la participation des collaborateurs.

Le *leadership* élitiste : le leader est exigeant, guidé par les chiffres et à un faible niveau d'empathie. La résonance s'établit à partir de challenges passionnants. Adapté à des équipes compétentes et motivées, il permet d'obtenir des résultats élevés. Toutefois ce style est souvent trop exclusivement ou mal utilisé.

Le *leadership* autocratique : c'est un style idéal lorsque les équipes sont jeunes et ont besoin d'encadrement et de directivité. Bonne structure, rigueur, assurance, ce type de *leadership* diminue la crainte en donnant un sens et un cap clair notamment en cas d'urgence. Adapté également dans une crise grave ou avec des employés à problème. En revanche, l'expression des sentiments et les relations tiennent peu de place et risque d'entraîner à long terme une cohésion faible et de la passivité dans l'équipe.

« Un leader sait ce qu'il faut faire
un manager sait seulement comment le faire.

Ken Adelma

MINI-TEST ÉVALUEZ VOTRE *LEADERSHIP*

Répondez spontanément en mettant une croix correspondant à votre réponse : soit plutôt vrai, soit plutôt faux.

Critères d'évaluation	V	F
1. Confiance en soi, sens développé de sa valeur.		
2. Conscience de ses forces et faiblesses.		
3. Garder sous contrôle ses émotions et impulsion.		
4. Comportement assertif : sans agression, soumission ou manipulation.		
5. Tourné vers le futur et la recherche de solutions.		
6. Adaptabilité à des situations changeantes.		
7. Chercher à développer la compétence de ses collaborateurs : réussir à faire réussir.		
8. Transmettre des messages clairs et d'écoute.		
9. Cultiver un réseau dense de relations.		
10. Promouvoir des comportements collaboratifs.		
11. Capacité à mobiliser des équipes.		
12. Démonstration permanente d'intégrité et d'honnêteté.		
13. Compétence pour initier de nouvelles idées.		
14. Les collaborateurs sont en mesure de décider, eux-mêmes, à leur niveau, pour résoudre immédiatement des problèmes.		
Total		

Un total élevé en « plutôt vrai » indique une bonne aptitude au *leadership*.

AUTOCOACHING DÉVELOPPER SON *LEADERSHIP*

Pensez à une personne (un proche, une personnalité connue, un héros…) qui, selon vous, est un modèle de leader.

Donnez 10 qualités qui sont observables et contribuent à son leadership.

Retenez en 3, les plus importantes, selon vous.

Pour ces 3 qualités retenues, auto-évaluez-vous sur 10 points.

Choisissez la qualité sur laquelle vous souhaitez travailler. Proposez 3 options, au minimum, qui vous permettraient d'augmenter d'1 point votre score actuel.

Laquelle choisissez-vous ? Qu'allez-vous mettre en œuvre ? Quand ? Comment ? Avec qui ? Où ?

Engagez-vous à le faire et notez vos améliorations.

Recommencez l'exercice jusqu'à l'obtention d'un score satisfaisant pour vous et avec les qualités que vous jugerez utile pour augmenter votre leadership.

15 SAVOIR CONDUIRE LE CHANGEMENT

Gérer les incertitudes et les résistances de ses collaborateurs.

Savoir accompagner les adaptations et les évolutions constantes d l'environnement et de l'entreprise est une compétence indispensabl que chaque manager se doit de posséder pour traverser les période agitées et prendre en compte le facteur humain au quotidien.

▶ Accompagner le changement

Le changement désigne la démarche qui accompagne la vie d toute entreprise face à l'instabilité et au développement de so environnement.

Conduire le changement, c'est à la fois **anticiper**, **définir** et **mettre e place** cette démarche.

Le manager veillera à être « au côté de l'équipe » et pas « au-dessu de l'équipe ».

Les principes de base

Informer : la première étape, fondamentale, est d'expliquer ce qui s passe, les enjeux, les changements nécessaires. L'adhésion ne s'ob tient pas sans informer les salariés et leur expliquer le bien-fondé de changements.

Une résistance naturelle : face à des adaptations multiples et néces saires, les collaborateurs opposent souvent une réaction de résis tance ou de rejet et les annonces de changements génèrent toujour des interrogations et des craintes. Ces résistances sont des réac tions naturelles, issues du cerveau reptilien (se protéger) et se tra duisent par une émotion qui varie d'une personne à l'autre. En effe chaque être humain à également son système familial, éducatif, se expériences personnelles, ses croyances qui sont également de éléments de blocage inconscients.

« L'homme a besoin de comprendre pour change car il porte en lui toutes les raisons de résister.

Rester à l'écoute de chaque personne, informer en adaptant son dis cours, pour amener tous les acteurs à prendre en charge leur propr évolution. Maintenir une qualité de relation qui favorise un climat d confiance.

Comprendre les émotions : pouvoir agir face aux sentiments des pe sonnes concernées.

Impliquer les collaborateurs : identifier les moyens d'action pou accompagner ses collaborateurs et les impliquer dans le change ment pour qu'ils deviennent des acteurs responsables ; favoriser le autonomie. Toute suggestion doit être entendue et peut donner lieu une fiche de proposition d'amélioration.

Réguler son propre stress : pour mieux gérer la pression de ses co laborateurs. Du stress individuel, le virus peut se répandre à tou l'équipe.

Être orienté équipe : le manager tirera son épingle du jeu en éta orienté équipe, au même titre qu'une entreprise est orientée clien

C'est par ses qualités de pédagogue et psychologue qu'il accompagnera au mieux le changement.

Éviter de mentir: pour des raisons éthiques, mais aussi par souci d'efficacité. Le risque est grand de se tromper, de s'empêtrer dans ses mensonges, et de perdre la confiance de son équipe.

Avoir une vision claire: communiquer et partager la vision de l'entreprise.

« Changer, c'est d'abord changer de point de vue. »
J.-B. Pontalis

Les stratégies managériales

La rencontre des axes changement « progressif ou brutal » et changement « imposé ou volontaire » permet d'identifier quatre stratégies managériales.

	Imposé	Volontaire
	A. Le changement de crise	**B. Le changement adaptatif**
Brutal	Durée: 1 jour à 3 mois. Ex.: accident, grève, plaintes de clients.	Durée: 6 à 18 mois. Ex.: nouvel outil informatique, compétences commerciales.
	C. Le changement prescrit	**D. Le changement construit**
Progressif	Durée: 1 à 3 ans. Ex.: projet An 2000, passage à l'euro, 35 heures.	Durée: 1 à 10 ans. Ex.: culture client, qualité, processus.

Source: *Typologie du changement* selon Autissier et Mouot, 2003.

Imposé: lié à l'environnement.
Volontaire: résulte du choix des dirigeants.
Brutal: modification globale du système organisationnel.
Progressif: évolution avec des phases de transition avec l'ancien système.

A. Le management de type directif/coercitif

Adapté au changement de crise (brutal/imposé). Les missions de ce type de changement sont menées par des équipes internes avec des spécialistes:

- Une équipe restreinte prend en charge le problème à l'origine de la crise et propose une solution tenable le plus rapidement.
- Le commandement est centralisé, les apports extérieurs sont des avis d'experts.

B. Le management de type éducatif/relationnel

Adapté au changement adaptatif (brutal/volontaire). Les missions de ce type de changement sont souvent réalisées par les grands cabinets de consultants:

- Aller à la rencontre de tous les acteurs et les informer du changement.
- Travailler avec les collaborateurs sur les méthodes de travail impactées par ce changement.

C. Le management de type management de projet

Adapté au changement prescrit (progressif/imposé). Les missions de conduite du changement sont souvent réalisées par les grands cabinets de consultants:

– Une équipe projet définit une démarche de réalisation du change-ment et un groupe de travail propose et met en œuvre des solutions
– Veiller à son acceptation au sein de l'entreprise.

D. Le management de type collaboratif/participatif

Adapté au changement construit (progressif/volontaire). Ces missions font appel à des petits et moyens cabinets orientés psychologie et coaching :

– Expliquer le changement et faire participer les acteurs à son déploiement.

« Le progrès ce n'est rien d'autre que la révolution faite à l'amiable. »

Victor Hugo

MINI-TEST ÉVALUEZ VOTRE NIVEAU DE RÉSILIENCE

Le captage du changement se fait par un niveau de résilience élevé, c'est-à-dire votre capacité à rebondir face à aux obstacles et face à l'adversité. *Répondez spontanément en mettant une croix correspondant à votre réponse : soit plutôt vrai, soit plutôt faux.*

Surmonter les obstacles	V	F
1. Vous êtes une personne qui aime expérimenter de nouvelles choses.		
2. Les défis sont une occasion d'apprendre et de s'améliorer.		
3. Il faut savoir apprendre de ses échecs pour mieux rebondir.		
4. Quand vous pensez à l'avenir, vous imaginez toujours des solutions.		
5. Face à une difficulté, vous avez confiance dans le fait que tout va bien se passer.		
6. Votre ténacité et votre optimisme sont remarqués par votre entourage.		
7. Les obstacles sont pour vous des situations de courtes durées que vous surmontez facilement.		
8. Vous démontrez un sens des responsabilités devant les difficultés.		
9. Vous êtes habile à résoudre tous les problèmes.		
Total		

Un total de « plutôt vrai » élevé indique un bon niveau de résilience pour faire face à l'adversité.

AUTOCOACHING PENSER AUTREMENT POUR MIEUX REBONDIR

1. *Pensez à une situation de blocage, d'obstacle récemment vécue. Quelles sont les causes vraies et probables à l'origine de cette situation ?*
2. *Comment réagissez-vous face à cette situation ? En quoi, en tant que manager, vous sentez-vous responsable ?*
3. *Mettez ces difficultés en perspectives. Avez-vous envisagé d'autres biais que ceux que vous choisissez habituellement ? Comment comptez-vous procéder pour rebondir et trouver des solutions ?*

81977 - (I) - OSB 80 - 313 - PCA - MPN
Imprimerie Chirat - 42540 Saint-Just-la-Pendue
Dépôt légal : février 2021
Imprimé en France